Les tout premiers dinosaures

Il y a très longtemps, environ 240 millions d'années, à une époque appelée le « Trias », d'étranges lézards se sont dressés sur leurs pattes arrière : ce sont les premiers dinosaures !

Les dinosaures étaient-ils les seuls animaux sur Terre ?

Non ! Il y avait d'autres reptiles, comme les crocodiles, mais aussi des poissons, des libellules et des araignées.

Les dinosaures ont-ils vraiment existé ?

Oui, la preuve : on retrouve leurs os transformés en pierre, ainsi que leurs œufs et leurs empreintes !

Comment était la Terre à l'époque ?

Il n'y avait pas d'herbe, mais des fougères et des mousses poussaient un peu partout.

Y avait-il des dinosaures partout sur la Terre ?

Oui ! À l'époque, il n'y avait qu'un seul grand continent entouré d'eau, la Pangée.

Les dinosaures ont-ils existé pendant longtemps ?

Oui ! Ils ont existé pendant des millions d'années, sur trois grandes périodes appelées le « Trias », le « Jurassique » et le « Crétacé ».

Qu'est-ce qu'il y avait avant les dinosaures ?

Des algues, des coquillages et des reptiles qui vivaient dans la mer et sur terre, ainsi que de nombreux insectes.

Les hommes vivaient-ils au temps des dinosaures ?

Non, ils sont apparus beaucoup plus tard, il y a 2 millions d'années, quand les mammifères sont devenus très nombreux.

Que veut dire le mot « dinosaure » ?

Il signifie « terrible lézard ». C'est l'Anglais Richard Owen, un célèbre chercheur de dinosaures, qui l'a inventé au 19ème siècle.

Des géants sur la Terre

À la période du Jurassique, il y a environ 150 millions d'années, les dinosaures deviennent de plus en plus grands. Certains paraissent tout petits aux côtés de ces véritables géants !

À quoi servent les plaques sur le dos du stégosaure ?
Elles captent la chaleur du soleil et séduisent peut-être les femelles par leur couleur, mais elles sont trop fragiles pour les aider à se défendre.

Que mangent les dinosaures ?
La plupart mangent des plantes : ils sont herbivores. Les autres sont carnivores, ils se nourrissent de viande : des lézards, des scarabées... et d'autres dinosaures !

Sont-ils gentils ou méchants ?

Ni l'un, ni l'autre. Comme tous les animaux, ils se défendent ou attaquent pour survivre.

De quelle couleur sont les dinosaures ?

Impossible de le savoir... On sait seulement qu'ils ont des écailles, des plaques ou des plumes.

Comment se défendent les dinosaures ?

Grâce à leur peau épaisse couverte d'écailles et à leurs pattes griffues. Certains ont des cornes et des épines, et n'hésitent pas à combattre. D'autres courent vite, et préfèrent la fuite !

Tous les dinosaures sont-ils géants ?

Non. Il y en a de toutes les tailles, très grands ou tout petits ! Le compsognathus, par exemple, n'est pas plus grand qu'un poulet !

Cherche dans l'image !

Le diplodocus au long cou

Les diplodocus sont les rois des plaines.
Ils passent leurs journées à arracher des feuilles pour remplir leur très gros estomac !

Combien mesure-t-il ?
6 mètres de haut environ : autant qu'un immeuble de 3 étages ! Et il est aussi long que 2 bus.

Combien pèse-t-il ?
Le poids de 2 éléphants. Ce n'est pas très lourd pour un dinosaure !

Pourquoi son cou est-il si long ?
Souple et musclé, il lui permet d'attraper des plantes à toutes les hauteurs : les fougères et les feuilles des buissons ou des arbres.

Pourquoi sa queue est-elle si longue?

Elle lui permet de conserver son équilibre. Parfois, il la fait claquer comme un fouet pour chasser ses ennemis.

Existe-t-il d'autres dinosaures au long cou ?

Oui, beaucoup, comme le brachiosaure, aux pattes avant plus longues que les pattes arrière, et le mamenchisaure. Plus tard, au Crétacé, il y a aussi le saltasaure, avec ses plaques sur le dos.

Que mange le diplodocus ?

Avec ses dents en forme de râteau, il racle les branches pour que les feuilles tombent directement dans son ventre !

De plus en plus de dinosaures

À la période du Crétacé, il y a 75 millions d'années, les dinosaures sont les maîtres de la Terre. Ils vivent seuls, en petites meutes ou en immenses troupeaux.

les parasaurolophus

Les dinosaures poussent-ils des cris?
Oui, sûrement. On pense que le parasaurolophus barrit comme un éléphant en soufflant de l'air dans sa longue crête creuse.

Sont-ils intelligents?
Plus leur cerveau est grand par rapport à leur corps, plus ils sont intelligents. Le troodon au gros cerveau est sans doute très malin.

Ont-ils des oreilles?
Oui, ce sont deux petits trous : un de chaque côté de leur tête. Grâce à eux, ils entendent très bien !

Les petits carnivores sont-ils aussi féroces que les grands ?

Oui, car ils chassent souvent à plusieurs, en meute, comme les troodons.

Courent-ils vite ?

Certains courent aussi vite que des autruches, comme les troodons, mais les plus gros avancent lentement.

Y a-t-il beaucoup de petits dinosaures carnivores ?

Oui ! Agiles et rapides, souvent munis de griffes puissantes, ce sont de très bons chasseurs, comme le deinonychus ou l'oviraptor.

C'est quoi, les dinosaures à « bec de canard » ?

Ce sont les dinosaures qui ont une sorte de bec dur pour couper les plantes, et des dents de derrière pour les broyer. Rien à voir avec nos canards !

Le tyrannosaure, un énorme carnivore

Son pas fait trembler la vallée. Il a senti de la chair fraîche… Fuyez, voici le tyrannosaure rex !

A-t-il de grandes dents ?
Oui, elles sont hautes comme cette page et aiguisées comme des couteaux pour mordre et broyer les os de ses victimes !

À quoi lui servent ses minuscules pattes ?
Elles ne peuvent rien porter à sa bouche, mais elles l'aident peut-être à agripper ses proies et à se relever quand il est couché !

Chasse-t-il seul ou à plusieurs ?
Le plus souvent tout seul, effrayant ses ennemis par sa grande taille et ses longues dents.

Comment repère-t-il ses proies ?
Il sent leur odeur de très loin et il a une très bonne vue.
Que mange-t-il ?
De la viande de dinosaure ! Il attaque surtout les plus faibles : les bébés, les vieux ou les malades. Il lui arrive même de récupérer des proies tuées par d'autres que lui !
A-t-il des ennemis ?
Oui ! Les autres tyrannosaures. Certains dinosaures peuvent aussi le blesser à coups de queue, de corne ou de crâne. Et quand il est bébé, il peut se faire manger par d'autres dinosaures !
Les autres dinosaures peuvent-ils échapper à un tyrannosaure ?
Oui ! On a retrouvé un edmontosaure qui portait la trace d'une énorme morsure, mais il avait survécu à sa blessure !
Cherche dans l'image !
une fleur
un dromaeosaure
un reptile volant
les dromaeosaures

Le tricératops, un dinosaure casqué

Deux tricératops combattent pour une femelle.
Essoufflés, ils balancent leur tête, lourde d'os et de cornes...
Qui a peur des tricératops à trois cornes ?

Est-il dangereux ?
Pas vraiment. C'est un tranquille herbivore, surtout occupé à manger des feuilles. Mais en cas d'attaque, il sait se défendre !

À quoi lui servent ses trois cornes ?
À se défendre contre les carnivores, mais aussi à combattre les autres mâles tricératops.

Qui sont ses ennemis ?

Les carnivores, comme le grand tyrannosaure bien sûr, mais aussi les petits deinonychus.

Pourquoi a-t-il une grande collerette ?

Pour protéger son cou et ses épaules, comme un bouclier. Elle lui permet aussi de séduire les femelles tricératops !

Existe-t-il d'autres dinosaures casqués ?

Oui, beaucoup, comme le protocératops, pas plus grand qu'un cochon, ou le styracosaure.

D'autres dinosaures combattent-ils tête contre tête ?

Oui ! Les pachycéphalosaures mâles, à la tête très dure, s'affrontent en se poussant crâne contre crâne.

Petits bébés deviendront très grands

Tous les dinosaures pondent des œufs. Certains, comme les maiasauras pondent souvent au même endroit, formant parfois de véritables crèches de bébés dinosaures !

Combien d'œufs pondent les mamans ?

On a retrouvé des nids de 20 à 30 œufs, mais certaines espèces en pondaient sûrement beaucoup plus !

Les œufs de dinosaures sont-ils gros ?

Pas tous : ils peuvent être petits comme des œufs de caille, ou gros comme ceux d'une autruche.

Comment font-ils leur nid ?

Certains creusent la boue ou le sable pour y déposer leurs œufs. Ils les recouvrent de feuilles et les couvent parfois pour les protéger.

Les parents s'occupent-ils de leurs bébés ?

Pas toujours. Certains les nourrissent longtemps dans le nid, comme les maiasauras. D'autres les abandonnent aussitôt !

Que mangent les bébés ?

Les herbivores dévorent des fougères et des bourgeons... Les carnivores se régalent de lézards et d'insectes !

Les bébés ont-ils des ennemis ?

Oui, beaucoup, car les dinosaures carnivores peuvent les attaquer facilement. Mais leurs parents veillent parfois sur eux.

Les bébés grandissent-ils vite ?

Oui, très vite ! À la naissance le bébé tyrannosaure n'est pas plus grand qu'un agneau. Mais à 12 ans, il atteint déjà 10 mètres de haut. Ensuite, il grandit plus lentement.

Des dinosaures à plumes !

Des dinosaures à plumes, ça n'existe pas ! Eh si !
On en a retrouvé des traces. Nos oiseaux sont sûrement les arrière-petits-fils de certains d'entre eux...

À quoi servent leurs plumes ?
À leur tenir chaud, à séduire leurs femelles et aussi pour certains... à voler !

les oviraptors

Est-ce qu'ils mangent des animaux ?
Oui. La plupart croquent des lézards, des mouches et parfois même d'autres petits dinosaures !

Comment certains ont-ils appris à voler ?
En planant de branche en branche ou en battant des ailes depuis le sol pour essayer d'attraper leurs proies. Peu à peu, ils sont devenus des oiseaux.

Quel est l'ancêtre de nos oiseaux ?
C'est sûrement le petit archéoptéryx, un dinosaure oiseau de la période du Jurassique. Pas plus haut qu'une pie, il a des plumes sur les pattes avant et la queue.

De vrais oiseaux vivent-ils au temps des dinosaures ?
Oui : en Chine, on a découvert des oiseaux du Crétacé qui pouvaient sûrement voler et mangeaient peut-être des insectes, comme nos oiseaux d'aujourd'hui !

Ont-ils des dents ?
Certains oui, car ils sont de la famille des petits dinosaures carnivores, comme le vélociraptor !

Ce ne sont pas des dinosaures...

Ils vivent au fond des océans ou volent haut dans le ciel... Qui sont-ils ? Les reptiles volants et sous-marins, les coquillages et les poissons !

Qui vit dans le ciel ?

Les ptérosaures, comme le ptérodactyle, par exemple. Ce sont des reptiles qui volent grâce à la peau tendue entre leurs bras et leurs pattes, un peu comme des chauves-souris.

Que mangent les reptiles des mers ?

Des poissons, d'autres reptiles marins et parfois un dinosaure, qui passe trop près du bord !

Les ptérosaures sont-ils grands ?

Toutes les tailles existent ! La plupart ne sont pas plus grands que des corbeaux. Mais certains ont la taille d'un petit avion...

Les reptiles volants existent-ils depuis longtemps ?

Oui, il sont apparus en même temps que les dinosaures, au Trias. Les premiers avaient de longues queues. Les suivants en avaient de plus petites et portaient parfois de longues crêtes sur le crâne.

Que mangent les ptérosaures ?

Principalement des poissons et parfois des insectes.

Les ptérosaures volants savent-ils marcher ?

Oui, il se déplacent même à quatre pattes ! Comme le prouvent les traces que l'on a retrouvées.

Qui vit dans la mer ?

Des poissons cuirassés, des coquillages, et beaucoup de reptiles, comme le féroce liopleurodon ou le plésiosaure.

Et les dinosaures ont disparu...

Tous les dinosaures de la Terre sont morts il y a 65 millions d'années... Que s'est-il donc passé ?

Pourquoi les dinosaures ont-ils disparu ?

Un gigantesque rocher venu du ciel, une météorite, serait tombé sur la Terre. La poussière soulevée aurait caché le soleil et les dinosaures seraient peu à peu morts de faim et de froid.

D'autres animaux ont-ils aussi disparu ?

Oui, tous les reptiles marins et volants, des coquillages et de très nombreux insectes, oiseaux, poissons et mammifères.

Les crocodiles et les lézards sont-ils des dinosaures ?

Non, ce ne sont que leurs cousins reptiles très éloignés. Mais les savants s'en inspirent beaucoup pour imaginer à quoi ressemblaient les dinosaures.

Les volcans ont-ils tué des dinosaures ?

Certains pensent qu'un volcan géant est entré en éruption au moment où est tombée la météorite. Cela aurait modifié le climat, entraînant la mort des dinosaures.

Qui a remplacé les dinosaures ?

Quand le soleil est réapparu, les plantes se sont remises à pousser. Les mammifères sont alors devenus les nouveaux maîtres de la Terre !

Pourquoi certains animaux ont-ils survécu ?

Peut-être parce qu'ils étaient plus petits, mangeaient moins que les dinosaures et pouvaient se réfugier sous la terre, dans les creux des arbres ou des rochers.

Sur les traces des dinosaures

À qui appartiennent ces traces ? Les hommes ont longtemps cru qu'il s'agissait de dragons ou de géants, avant de découvrir l'existence des dinosaures...

Qui recherche les traces des dinosaures ?
Les paléontologues. Ils travaillent en équipe pour retrouver des os, les protéger et reconstituer les squelettes.

A-t-on retrouvé beaucoup d'os de dinosaures ?
Oui, parfois quelques-uns, parfois un squelette complet, mais il reste encore des milliers d'espèces à découvrir !

Comment sait-on ce que mangeaient les dinosaures ?

Si leurs dents sont pointues et aiguisées, c'est un carnivore. En forme de feuilles ou de crayons, c'est un herbivore. On observe aussi le contenu de leur estomac et... leurs crottes !

Que nous apprennent les traces de pattes ?

Leur forme nous indique quel dinosaure est passé par là, s'il était jeune ou vieux, lourd ou léger, lent ou rapide, seul ou accompagné.

Comment fait-on pour savoir à quoi ils ressemblaient ?

On imagine comment se plaçaient les muscles sur les os du squelette, puis la peau sur les muscles. Et on dessine le corps du dinosaure, à l'aide d'un ordinateur !

Comment un dinosaure se transforme-t-il en fossile ?

Quand un dinosaure meurt dans une tempête de sable ou un marécage, la terre le recouvre peu à peu et transforme ses os en pierre.

Le sais-tu ?

A-t-on retrouvé beaucoup de squelettes de tyrannosaure rex ?

Non, on n'a retrouvé qu'un seul squelette complet aux États-Unis. On connaît le tyrannosaure surtout grâce à l'étude d'os isolés.

Les dinosaures font-ils de grosses crottes ?

Assez grosses, oui ! Certaines ont la taille d'un ordinateur ! Mais difficile de dire quel dinosaure les a laissées...

Quel dinosaure court le plus vite ?

On pense que c'est le gallimimus : un dinosaure carnivore du Crétacé aux longues cuisses, qui court à près de 70 km/heure, la vitesse d'un cheval au galop !

Quel dinosaure a les plus longues griffes ?

Le thérizinosaure. Ses immenses griffes sont longues comme des épées ! Elles lui servent peut-être à couper les feuilles ou à ouvrir les fourmilières pour déguster les insectes.

Les dinosaures vivent-ils en famille ?

Certains oui, comme les protocératops : on en a retrouvé un grand nombre ensemble, bébés et adultes, mâles et femelles, dans le désert de Gobi, en Asie.

Qui est le plus grand de tous les dinosaures ?

Le plus long et le plus lourd est l'argentinosaure : il est aussi long que 3 bus et aussi lourd que 20 éléphants !